PONS

Fehler ABC
Deutsch – Italienisch

von
Barbara Huter

Ernst Klett Verlag
Stuttgart · Düsseldorf · Leipzig

PONS Fehler ABC
Deutsch-Italienisch

von Barbara Huter

Dieser Titel ist inhaltlich identisch mit
Fehler ABC Deutsch-Italienisch, ISBN 3-12-560648-9.

1. Auflage A1 4 3 2 1 | 2003 2002 2001 2000

Internet: http://www.pons.de
e-mail: info@pons.de

Redaktion: Katharina Voß, Elizabeth Webster
Einbandgestaltung: Erwin Poell, Heidelberg;
Metzger & Schmidt (Designbüro MESCH), Mannheim
Druck: Druckerei zu Altenburg, Altenburg
Printed in Germany.
ISBN 3-12-560875-9

Inhalt

Zu diesem Buch

Es ist relativ leicht beim Erlernen einer Fremdsprache erste Kenntnisse zu erwerben. Doch bald können Unsicherheiten beim Gebrauch sprachlicher Ausdrücke auftreten: Es werden immer wieder Fehler gemacht, die zu Missverständnissen führen.
Dieses Fehler-ABC soll Ihnen helfen diese typischen Fehler auszumerzen, ohne dabei eine Grammatik oder ein Wörterbuch ersetzen zu wollen. Es behandelt über 100 Wörter und idiomatische Wendungen, die für Sie als deutschsprachige Lernende zu den häufigsten Fehlerquellen im Umgang mit dem Italienischen gehören.
Bevor Sie den Inhalt dieses Fehler-ABCs studieren, sollten Sie sich über zwei Fragen Klarheit verschaffen:

1. *Welches sind meine typischen Fehler, d. h. an welchen Punkten kann ich meine Leistungen verbessern?*

Sie können Ihre typischen Fehlerquellen herausfinden, wenn Sie den Einführungstest am Anfang des Buches lösen. Die 50 italienischen Beispielsätze weisen Lücken auf und sind durch den passenden italienischen Ausdruck zu ergänzen. Die deutsche Entsprechung ist jeweils in Klammern angegeben. Das „Test"-Ergebnis wird Ihnen zeigen, an welchen Stellen immer wieder dieselben Fehler passieren.

2. *Wie kann ich meine Leistungen verbessern?*

a) Lesen Sie zunächst die zu Beginn der einzelnen Stichwörter gegebenen Hinweise und prägen Sie sich ein, was diese für Sie an Neuem enthalten.

b) Danach übersetzen Sie mündlich, oder besser sogar schriftlich, die auf der linken Hälfte aufgeführten deutschen Beispiel- und Übungssätze.

c) Nun legen Sie zur Kontrolle die beigegebene rote Klarsichtfolie auf die rechte Seitenhälfte: die richtige Übersetzung wird lesbar. Sie vergleichen diese mit Ihrer Übersetzung und wissen nun genau, ob Sie das richtige Ergebnis haben, welche Fehler Sie gemacht haben und Sie können feststellen, welche Fehlerquellen Ihnen bislang vielleicht noch nicht voll bewusst waren.

Der Lernerfolg erhöht sich, wenn Sie den Stoff mehrmals von vorn durcharbeiten, d. h. durchlesen, übersetzen und vergleichen. Die Zahl Ihrer Fehler wird dabei gewiss immer geringer, und Sie spüren, wie Sie im Gebrauch des Italienischen sicherer werden.
Falls Sie auch nach mehrmaligem Üben einige Probleme nur schwer in den Griff bekommen, sollten Sie dies am Seitenrand rot markieren und dann das gesamte Fehler-ABC daraufhin nochmals konzentriert durcharbeiten.

Und hier noch Erklärungen zu einigen Abkürzungen, die immer wieder auftauchen:

f	weibliches Substantiv
m	männliches Substantiv
fig	im übertragenen Sinn
➔	Gegenteil

Wir wünschen Ihnen viel Spaß beim Durcharbeiten des Fehler ABCs und vor allem viel Erfolg!

Einführungstest

Die richtigen Lösungen finden Sie auf Seite 89.

1.	Come hai passato la .... ?	(Abend)
2.	Questa carne non .... di niente.	(schmecken)
3.	Viaggiando si .... molto.	(lernen)
4.	.... ringrazio molto della Sua lettera.	(Ihnen)
5.	.... i miei libri si dovrebbe trovare anche questo romanzo.	(unter)
6.	È difficile .... parlare bene l'inglese.	(zu)
7.	Se .... molti soldi, mi comprerei una casa.	(haben)
8.	Non bisogna .... per così poco.	(böse werden)
9.	Per capire bene questo testo, devo leggerlo	(laut)
10.	.... di voi può partecipare a questo viaggio.	(jeder)
11.	.... questo bel tempo sarebbe peccato non uscire.	(bei)
12.	Chi non ha la patente, non deve	(fahren)
13.	L'ho guardato	(lange)
14.	Bisogna dire che hai avuto	(Glück)
15.	Vi aspetteremo .... stazione.	(vor dem)
16.	Puoi avere .... che vuoi.	(alles)
17.	Luigi è molto pallido. Che cosa .... ?	(fehlt ihm)
18.	Il protagonista .... molto male.	(spielen)

19.	La tua amica .... il flauto?	(spielen)
20.	Oggi mi sono .... vaccinare.	(lassen)
21.	Alcuni giorni .... ha piovuto.	(vor)
22.	Chi è stato .... presidente?	(gewählt zum)
23.	Si è fatto costruire una villa	(auf dem Land)
24.	Gli amici mi hanno .... per il mio compleanno.	(gratulieren)
25.	Mio zio è francese	(gebürtiger)
26.	È una .... di soldi!	(Frage)
27.	Ha tanti .... , ma è molto sincero.	(Fehler)
28.	Qualcosa è caduto per	(Boden)
29.	Dammi due .... di carta!	(Blatt)
30.	.... sei anni i bambini vanno a scuola.	(mit)
31.	Non piangere: .... il mio consiglio!	(hören auf)
32.	Conosci questa giovane ....?	(Paar)
33.	La tua visita era troppo	(kurz)
34.	Avevo una strana	(Gefühl)
35.	Pronto! Non ti	(hören)
36.	.... non ci deluderà.	(hoffentlich)
37.	Mi .... dire dov'è via Dante?	(können Sie)
38.	Anche la mia pazienza ha i suoi	(Grenzen)
39.	Vuoi un .... di vino?	(Glas)
40.	Questo albergo non accetta	(Reisegesell-schaften)
41.	Sono nato	(am 1. 1. 1960 in Stuttgart)
42.	È .... legno questo armadio?	(aus)
43.	Quando sei tornato .... Milano?	(aus)
44.	Sembrava più morto .... vivo.	(als)

45. Ti .... le patate? (schmecken)
46. Questo libro ha avuto un .... (Preis)
47. Come si potrà .... questo problema? (lösen)
48. .... è alta questa torre? (wie)
49. Dovrei chieder .... se me lo permette. (ihn)
50. Lui si lamenta sempre, ... lei è abbastanza contenta. (während)

Verzeichnis der deutschen Stichwörter

mit Seitenangabe

Fehler-ABC: „Abend“ bis „zu“

1

Abend; Tag; Jahr

la sera; il giorno – objektive Zeitangabe
la serata; la giornata – erlebter Zeitraum

Der April hat dreißig Tage.	Aprile ha trenta *giorni*.
Wir haben den Abend mit Essen und Trinken verbracht.	Abbiamo passato la *serata* mangiando e bevendo.
Was für ein schöner Tag!	Che bella *giornata*!
Wollen wir heute Abend tanzen gehen?	Andiamo a ballare *questa sera*?
Im Sommer sind die Tage länger.	D'estate le *giornate* sono più lunghe.
Wie verbringst du deine Abende?	Come passi le tue *serate*?
Der 15. August ist in Italien ein Feiertag.	Il 15 agosto è *giorno* festivo in Italia.
Er wird gegen Abend kommen.	Verrà verso *sera*.

Aufgepasst!

l'anno – Jahr (allg)
l'annata – Erntejahr

In welchem Jahr bist du geboren?	In che *anno* sei nato/a?
1964 war ein gutes Weinjahr.	Il 1964 è stato una buona *annata* per il vino.

alle, alles

tutti quelli che … *tutti coloro che …*	} alle, die…
tutto quello che … *tutto ciò che …*	} (alles,) was…
tutti e due (i …) *ambedue (i …)*	} (alle) beide (…)

Alle, die dieses Buch gelesen haben, waren davon begeistert.	*Tutti quelli/Tutti coloro che* hanno letto questo libro ne sono rimasti entusiasti.
Er tut alles, was sie will.	Lui fa *tutto quello/tutto ciò che* lei desidera.
Welches Buch willst du, dieses oder das andere? – Ich kaufe sie (alle) beide.	Quale libro vuoi, questo o quello? – Li prendo *tutti e due/ambedue*.
Der Redner wandte sich an alle, die sich für Politik interessieren.	L'oratore si rivolse a *tutti quelli/tutti coloro che* s'interessano alla politica.
Beide Brüder leben in Kanada.	*Ambedue/Tutti e due* i fratelli vivono nel Canada.
Er isst alles (das), was seiner Gesundheit schadet.	Mangia *tutto quello/tutto ciò che* nuoce alla sua salute.

Aufgepasst!

alle drei Jahre – *ogni* tre anni

3 als

A è più grande *di* **B**.

È più **grande** *che* **bello**.
È meglio **vivere** *che* **morire**.

Gegenüberstellung von
- zwei Personen oder Dingen
- zwei Eigenschaften oder
- zwei Tätigkeiten

Luisa ist jünger als ihre Schwester.	Luisa è più giovane *di* sua sorella.
Luigi ist mehr schlau als klug.	Luigi è più furbo *che* intelligente.
Ich verdiene mehr als er.	Guadagno più *di* lui.
Reden ist leichter als handeln.	Parlare è più facile *che* agire.

4 alt

vecchio (→ giovane, nuovo) – alt, nicht jung, nicht neu
antico (→ moderno) – dem Altertum/alten Zeit angehörig

Das alte Rom war das Zentrum der Welt.	L'*antica* Roma è stata il centro del mondo.
Das ist alles altes Zeug.	È tutta roba *vecchia*.
Alte Leute fühlen sich oft einsam und verlassen.	I *vecchi* si sentono spesso soli e abbandonati.
Er hat eine wunderschöne Villa mit wertvollen alten Möbeln.	Ha una bellissima villa con mobili *antichi* di grande valore.

Aufgepasst!

Wie alt bist du? – *Quanti anni hai?*

5

Alter

l'età (f) – jeweiliges Alter
la vecchiaia – hohes Alter
l'era – Zeitalter

Er ist im Alter von 60 Jahren gestorben.	È morto all'*età* di 60 anni.
Wir leben im Atomzeitalter.	Viviamo nell'*era* atomica.
Im Alter lässt das Sehvermögen nach.	Nella *vecchiaia* la vista peggiora.
Er ist in meinem Alter.	Ha la mia *età*.

Aufgepasst!

mit/im Alter von 3 Jahren – *all'età di* / *a* 3 anni

6

älter

anziano (→ giovane) – betagt
maggiore (→ minore) – älter (Vergleich)

In Kurorten sieht man vorwiegend ältere Leute.	Nei luoghi di cura si vedono prevalentemente persone *anziane*.
Er ist zwei Jahre älter als ich.	È *maggiore* di me di due anni.
Wer ist dieser ältere Herr?	Chi è questo *anziano* signore?
Sein älterer Bruder studiert an der Universität.	Suo fratello *maggiore* fa l'università.

7

(sich) anziehen

mettersi (+ Substantiv) – etwas anziehen
vestirsi – sich ankleiden

Zieh den Mantel an, es ist kalt!	*Mettiti* il cappotto, fa freddo!
Sie zieht sich immer sehr geschmackvoll an.	*Si veste* sempre con molto gusto.
Ich bin noch im Bett, aber ich ziehe mich gleich an, und in einer halben Stunde bin ich fertig.	Sono ancora a letto, ma *mi vesto* subito e fra mezz'ora sono pronto/a.
Zu deiner Party werde ich mein neues Abendkleid anziehen.	Per la tua festa mi *metterò* il mio nuovo abito da sera.

aus

da – Trennung: von… weg, aus… heraus
di – gebürtig aus; bestehend aus
per – Motivierung: wegen, aufgrund

Ich bin gestern aus Berlin gekommen.	Sono venuto/a ieri *da* Berlino.
Sein Vater stammt aus München.	Suo padre è *di* Monaco.
Dieser Stoff ist aus reiner Seide.	Questa stoffa è *di* pura seta.
Aus Zeitmangel konnte er die Arbeit nicht beenden.	*Per* mancanza di tempo non poteva terminare il lavoro.
Ich habe es aus Liebe getan.	L'ho fatto *per* amore.
Hol die Post aus dem Briefkasten!	Prendi la posta *dalla* cassetta.
Ist diese Tasche aus Leder?	Questa borsa è *di* pelle?
Ich kenne dieses Problem aus eigener Erfahrung.	Conosco questo problema *per* esperienza diretta/propria.
Sind Sie aus Mailand?	Lei è *di* Milano?
Du blutest aus der Nase.	Ti esce il sangue *dal* naso.

9 Bank

la banca – Geldinstitut
il banco – Sitzgelegenheit (Schule, Gericht),
selten: Geldinstitut (z.B. Banco di Roma)
la panchina – Sitzgelegenheit (Haus, Garten, Park)

Mir ist das Geld ausgegangen, ich muss dringend zur Bank.	Sono rimasto senza soldi. Devo andare in *banca* d'urgenza.
Es hat heute Nacht geregnet, die Bank ist nass.	È/Ha piovuto stanotte, la *panchina* è bagnata.
Sein Vater ist Bankdirektor.	Suo padre è direttore di *banca*.
Wir haben zusammen die Schulbank gedrückt.	Siamo stati insieme sui *banchi* di scuola.
Auf der Anklagebank saß ein junger Mann.	Sul *banco* degli imputati sedeva un giovanotto.
Setzen wir uns auf diese Bank.	Mettiamoci su questa *panchina*.
Haben Sie ein Bankkonto?	Ha un conto in *banca*?

Aufgepasst!

il banco – auch: Ladentisch, Theke, Stand

Trinken wir den Kaffee an der Theke?	Prendiamo il caffè al *banco*?
Er hat einen Gemüsestand auf dem Markt.	Ha un *banco* di verdura al mercato.

bei

vicino a Roma, *presso* Roma – bei Rom (Ort)
da noi – bei uns (Person)
al mio arrivo – bei meiner Ankunft (Umstand)
con questa pioggia – bei diesem Regen (Umstand: Wetter, Temperatur)

Bei meiner Rückkehr war er verschwunden.	*Al* mio ritorno era sparito.
Bei der Prüfung war ich sehr nervös.	*All'*esame ero molto nervoso/a.
Bei diesem Wetter kann man nicht ausgehen.	*Con* questo tempo non si può uscire.
Sind Sie beim Zahnarzt gewesen?	È stato/a *dal* dentista?
Er wohnt bei Genua.	Abita *vicino a*/*presso* Genova.
Bei dieser Hitze kann ich nicht arbeiten.	*Con* questo caldo non posso lavorare.
Er wohnt bei den/seinen Eltern.	Abita *dai* genitori.

Aufgepasst!

bei… (zu Hause) – auch: *a casa (di)*

Ich bin bei Giulio.	Sono *da* Giulio/*a casa di* Giulio.
Bei mir zu Hause funktioniert die Heizung nicht.	*A casa* mia il riscaldamento non funziona.

11

bekommen

avere – kriegen (allg)
ricevere – (Post, Einladung usw) erhalten
ottenere – durch Bemühung erlangen
trovare – finden, auftreiben

Zu deinem Geburtstag wirst du ein Fahrrad (geschenkt) bekommen.	Per il tuo compleanno *avrai* una bicicletta.
Nach 8 Monaten Wartezeit bekam er endlich das Einwanderungsvisum für die USA.	Finalmente dopo 8 mesi di attesa ha *ottenuto* il visto di immigrazione per gli USA.
Wo hast du diese schöne Tasche bekommen?	Dove hai *trovato* questa bella borsa?
Gestern bekam ich einen Brief aus Brasilien.	Ieri ho *ricevuto* una lettera dal Brasile.
Er hat für seinen (= den) Bruder eine gute Stelle bekommen/dem Bruder eine gute Stelle verschafft.	Ha *ottenuto* per il fratello una buona sistemazione.
Hast du die Einladung zur Ausstellungseröffnung bekommen?	Hai *ricevuto* l'invito all'inaugurazione della mostra?

Aufgepasst!

einen Platz bekommen	trovare posto
Angst bekommen	avere paura
ein Kind bekommen	avere un bambino
die Grippe bekommen	prendersi/buscarsi l'influenza

bemerken

accorgersi di } aufmerksam werden auf
notare }
osservare – sagen

Ich habe nichts Außergewöhnliches bemerkt.	Non mi sono *accorto/a* di niente di strano./Non ho *notato* niente di strano.
„Es ist wirklich sehr kalt", bemerkte er.	„Fa veramente molto freddo", *osservò*.
Abschließend möchte ich noch Folgendes bemerken…	Concludendo, vorrei *osservare* ancora questo…
Hast du den Unterschied bemerkt?	Hai *notato* la/Ti sei *accorto della* differenza?
Ich habe mein ganzes Geld ausgegeben, ohne es zu bemerken.	Ho speso tutti i miei soldi senza *accorgermene*/*notarlo*.
Hast du dazu nichts zu bemerken?	Non hai niente da *osservare* a proposito?

Aufgepasst!

osservare – auch: beobachten
notare – auch: notieren

13 besuchen

visitare – offiziell besichtigen
frequentare – gewohnheitsmäßig besuchen
andare/venire a trovare – (jdn) besuchen gehen/kommen
fare una visita a – (jdm) einen Besuch abstatten

Der Bürgermeister hat die neue Schule besucht.	Il sindaco ha *visitato* la nuova scuola.
Mein Sohn besucht die 3. Grundschulklasse.	Mio figlio *frequenta* la terza elementare.
Morgen besuche ich meinen Bruder.	Domani *vado a trovare* mio fratello.
Wie schön dich bei mir zu sehen. Warum besuchst du mich (eigentlich) nicht öfter?	Che piacere vederti a casa mia! Ma perché non *vieni a trovarmi* più spesso?
Dieses Lokal ist immer gut besucht.	Questo locale è sempre ben *frequentato*.
Wir werden Sie auf dem Rückweg besuchen.	Le *faremo una visita* al ritorno.

Aufgepasst!

farsi visitare – sich (vom Arzt) untersuchen lassen

Ich muss mich ärztlich untersuchen lassen.	Devo *farmi visitare* dal medico.

14 Bild

l'immagine (f) – Bild, Abbild (allg)
il quadro – Wandbild
il ritratto – Porträt
l'idea (f) – Vorstellung (fig)

Das ist eines der berühmtesten Bilder Raffaels.	Questo è uno dei più famosi *quadri* di Raffaello.
Dieses Gedicht ist reich an Bildern.	Questo poema è ricco di *immagini*.
Ich muss den Fernseher reparieren lassen, denn das Bild ist verschwommen.	Devo far aggiustare il televisore perché l'*immagine* è poco chiara.
An der Wand hing ein Bild/Porträt seines Onkels.	Alla parete era appeso un *ritratto* di suo zio.
Er hat sich ein klares Bild von der gegenwärtigen Lage gemacht.	Si è fatto un'*idea* chiara della situazione attuale.

Blatt

la foglia – (Laub-)Blatt
il foglio – Blatt Papier

Es war bereits Herbst; die Blätter färbten sich gelb und rot.	Era ormai autunno; le *foglie* si tingevano di giallo e rosso.
Hier hast du ein Blatt Papier.	Eccoti un *foglio* di carta.
Dieser Baum hat bereits Blätter getrieben/ausgeschlagen.	Questo albero ha già messo le *foglie*.
Dieser Briefumschlag enthält zwei Blatt Papier.	Questa busta contiene due *fogli* di carta.

16

blau (und andere Farben)

1. *blu* – (dunkel) blau
   azzurro – blau
   celeste – (hell) blau
2. *il livido* – blauer Fleck (Bluterguss)

Er hatte den Rücken voll von blauen Flecken.

Aveva la schiena piena di *lividi*.

Die Wolken sind verschwunden, der Himmel ist ganz blau.

Le nuvole sono sparite, il cielo è tutto *azzurro*.

Wollen Sie diese Babywolle in Rosa oder Hellblau?

Questa lana da bebè, la vuole in rosa o in *celeste*?

Ein (dunkel)blaues Kostüm eignet sich für viele Anlässe.

Un tailleur *blu* va bene per molte occasioni.

Aufgepasst!

essere al verde – ohne Geld sein
essere nero – wütend sein
leggere un giallo – einen Krimi lesen
arrossire – rot werden

Boden

la terra – Boden, Erde (allgemein)
il terreno – Boden (abgegrenzte Fläche)
il fondo – unterster Teil eines Gefäßes/Hohlraums
il pavimento – Fußboden
la soffitta – Dachboden

Von einem plötzlichen Schwindel erfasst, fiel er zu Boden.	Preso da una vertigine improvvisa, cadde a *terra*.
Es hat die ganze Nacht geregnet. Man kann nicht Tennis spielen, weil der Boden noch zu feucht ist.	Ha piovuto tutta la notte. Non si può giocare a tennis perché il *terreno* è ancora troppo umido.
Das Wasser ist heute so klar, dass man den Meeresboden sehen kann.	Quell'acqua è talmente limpida che si può vedere il *fondo* del mare.
Die Marmorböden sind für ein heißes Klima sehr geeignet.	I *pavimenti* di marmo sono molto adatti per un clima caldo.
Wohin mit diesen alten Möbeln? – Stell' sie auf den Boden.	Dove metto questi mobili vecchi? – Portali in *soffitta*.
Da ich nicht einmal eine Luftmatratze habe, muss ich auf dem Boden schlafen.	Dato che non ho nemmeno un materassino pneumatico, devo dormire per *terra*.
Der Flaschenboden hat ein Loch.	Il *fondo* della bottiglia ha un buco.
Auf diesem Stück Boden willst du dir ein Haus bauen?	Su questo pezzo di *terreno* ti vuoi costruire una casa?

18

böse

1. *cattivo* – schlimm, ungezogen (Personen)
2. *arrabbiato* – wütend, verärgert } (Personen)
   arrabbiarsi – böse werden, sich ärgern
3. *brutto* – übel, gefährlich (Sachen, Begriffe)

Er hat mir einen bösen Streich gespielt.	Mi ha fatto un *brutto* scherzo.
Sie hat eine böse Schwiegermutter.	Ha una *cattiva* suocera.
Warum bist du so böse auf mich?	Perché sei così *arrabbiata* con me?
Ich habe ihn nie so böse gesehen.	Non l'ho mai visto così *arrabbiato*.
Ich weiß nicht warum, aber er ist böse auf ihn.	Non so perché, ma si è *arrabbiato* con lui.
Die Bösen werden bestraft werden.	I *cattivi* saranno puniti.
Du wirst (noch) böse enden/ein böses Ende nehmen.	Farai una *brutta* fine.
Halten Sie Ihr Wort, sonst werde ich wirklich böse.	Mantenga la sua parola, se no mi *arrabbio* veramente.

Aufgepasst!
das Böse – *il male*

brauchen

ich brauche

(persönl. Konstruktion)	(unpersönl. Konstruktion)
ho bisogno di	*mi occorre/occorrono*
impiego } (= ich brauche Zeit)	*mi ci vuole/vogliono*
ci metto }	*mi serve/servono* (= ich kann gebrauchen)

man braucht

ci vuole/vogliono
occorre, occorrono

Ich brauche ein Kleid.	*Ho bisogno di* / *Mi ci vuole* / *Mi occorre* } un vestito.
Dazu braucht man zwei ganze Tage.	*Ci vogliono/Occorrono* due giornate intere.
Ich habe viel Zeit gebraucht, um das Auto zu reparieren.	*Ho impiegato/Ci ho messo* molto tempo ad aggiustare la macchina.
Du brauchst viel Geld.	*Hai bisogno di* / *Ti ci vogliono* / *Ti occorrono* } molti soldi.
Man braucht dazu viel Geduld.	*Ci vuole/Occorre* molta pazienza.
Brauchst du dieses Buch noch?	*Ti serve* ancora questo libro?

20 Datum/-en

la data – Angabe von Tag und Jahr
i dati – Daten

Dieses Ergebnis beruht auf statistischen Daten.

Questo risultato si basa su *dati* statistici.

Schreiben Sie das Datum von heute.

Scriva/Metta la *data* di oggi.

Dieser Brief ist jüngeren Datums.

Questa lettera è di *data* più recente.

Er beschäftigt sich seit zwei Jahren mit Datenverarbeitung.

Da due anni si occupa dell'elaborazione di *dati*.

Aufgepasst!

Welches Datum haben wir heute?

Quanti ne abbiamo oggi? Che giorno è oggi?

21 der, dieser

Beim hinweisenden Fürwort (Demonstrativbegleiter) unterscheiden die Italiener streng:

questo – (beim Sprecher)

quello – (vom Sprecher entfernt)

Hast du dieses/das Haus dort gesehen?

Hai visto *quella* casa là?

Dieses ist mein Buch, und das auf dem Tisch gehört dir.

Questo libro è mio e *quello* sul tavolo è tuo.

Ich komme dich diesen Sonntag besuchen.

Ti vengo a trovare *questa* domenica.

dick

grasso (→ magro) – beleibt, fett (nur Lebewesen)
grosso (→ piccolo) – groß, kräftig; beachtlich (Personen, Sachen; auch fig)
spesso – dick (häufig bei Maßangaben)

Meine Schwester ist klein und dick.	Mia sorella è piccola e *grassa*.
Er war ein kräftig gebauter, starker Mann.	Era un uomo *grosso* e forte.
Ich muss eine Abmagerungskur machen, denn ich bin zu dick.	Devo fare una cura dimagrante perché sono troppo *grasso/a*.
Wie dick ist das Brett?	Quanto è *spessa* l'asse? / Che *spessore* ha l'asse?
Das ist eine (faust)dicke Lüge.	Questa è una *grossa* bugia.
Diese Platte ist 10 mm dick.	Questa lastra è *spessa/ha uno spessore* di 10 mm.

Aufgepasst!

Du bist aber dick geworden! – Ma come sei *ingrassato*!
Sie sind dicke Freunde. – Sono amici *per la pelle*.
Er hat es (faust-)dick hinter den Ohren. – È *astuto*.

23 doch

(ma) sì!
(ma) certo! } doch! (positive Antwort auf negative Frage)
ma – doch, aber, jedoch (adversativ)
eppure – und doch, trotzdem, dennoch (konzessiv)

In allen anderen Fällen ist das deutsche „doch“ ein Füllwort und bleibt im Italienischen meist unübersetzt.

Kommst du nicht mit uns? – Doch!	Non vieni con noi? – *Ma sì!/Ma certo!*
Du hättest es haben können, doch jetzt ist es zu spät.	Avresti potuto averlo, *ma* adesso è troppo tardi.
Und sie bewegt sich doch!	*Eppur(e)* si muove!
Sei doch nicht so ungeduldig!	*(Ma)* non essere così impaziente!
Ich habe es doch gleich gesagt!	L'ho detto subito!
Er ist sehr sympathisch, und doch traue ich ihm nicht.	È molto simpatico, *eppure* non mi fido di lui.
War nicht auch sie da? – Doch!	Non c'era anche lei? – *Ma sì!/Ma certo!*
Er ist nicht hier, doch wird er bald kommen.	Non c'è, *ma* sarà presto di ritorno.

erklären

24

spiegare – erläutern, verdeutlichen
dichiarare – verkünden, nachdrücklich behaupten

Erkläre mir die Bedeutung dieses Wortes!	*Spiegami* il significato di questa parola.
Er wurde für schuldig erklärt.	Fu *dichiarato* colpevole.
Ich kann mir ihr Verhalten nicht erklären.	Non riesco a *spiegarmi* il suo comportamento.
1939 erklärte England Deutschland den Krieg.	Nel 1939 l'Inghilterra *dichiarò* guerra alla Germania.
Er erklärte ihr seine Liebe.	Le *dichiarò* il suo amore.

Aufgepasst!

Mi spiego? – Weißt du, was ich meine?
Ha qualcosa da dichiarare? – Haben Sie etwas zu verzollen?

erzählen

25

raccontare – ausführlich schildern
parlare di – sprechen von/über (intransitiv)
dire di – sagen von/über (transitiv)

Sie hat mir ihr ganzes Leben erzählt.	Mi ha *raccontato* tutta la sua vita.
Wer hat dir von mir erzählt?	Chi ti ha *parlato* di me?
Was hat er dir über mich erzählt?	Che cosa ti ha *detto* di me?
Erzähl uns, wie die Reise verlaufen ist!	*Raccontaci* com'è andato il viaggio.

26

Es ist…

Nach allen unpersönlichen Verbalausdrücken wie z.B. *è meglio, basta, bisogna* steht der Infinitiv ohne *di*.

Es ist schön keine Schulden zu haben.

Bei diesem Wetter ist es besser nicht auszugehen.

Es ist notwendig die Fehler zu verbessern.

27

fahren

andare (in) – fahren (intransitiv)
viaggiare (in) – fahren, reisen (intransitiv)
guidare – fahren (transitiv)
fare servizio – verkehren

Ich fahre zweimal in der Woche nach Neapel.

Fliegst du oder fährst du mit dem Zug?

Dieser Zug fährt nur im Sommer.

Ich bin also gezwungen, mit dem Auto zu fahren, wenn mich auch das lange Fahren ermüdet.

Sie fährt geschäftlich sehr viel herum.

Er fährt wir ein Irrer.

falsch

falso – gefälscht, unwahr
(→ *vero* – richtig, wahr)

sbagliato – nicht richtig
(→ *giusto* – richtig, korrekt)

finto – unecht, künstlich, Kunst-
(→ *naturale, vero* – echt, natürlich)

Er lebt unter falschem Namen. Keiner kennt seine wahre Identität.

Vive sotto *falso* nome. Nessuno conosce la sua *vera* identità.

Man hat mir eine falsche Auskunft gegeben, aber zufällig habe ich doch den richtigen Zug gefunden.

Mi è stata data un'informazione *sbagliata*, ma per caso ho ugualmente trovato il treno *giusto*.

Sein Schnurrbart ist doch echt?
– Nein, er ist falsch.

Ma i suoi baffi sono *naturali*?
– No, sono *finti*.

Du hast den falschen Augenblick gewählt.

Hai scelto il momento *sbagliato*.

Es ist nicht immer leicht, das Wahre vom Falschen zu unterscheiden.

Non è sempre facile distinguere il *vero* dal *falso*.

Die Tasche ist aus Kunstleder.

La borsa è di *finta* pelle.

Aufgepasst!

etwas falsch machen – *sbagliare*

29 fehlen

Che cosa hai? – Was fehlt dir? (= Bist du krank?)
Che cosa ti manca? – Was fehlt dir? (= Was hast du verloren?)

Mir fehlt nichts, ich bin nur etwas müde.

Non *ho* niente. Sono soltanto un po' stanco/a.

Es fehlt ihr an Mut.

Manca di coraggio.

Mir fehlen 100 DM, ich werde sie doch nicht verloren haben!

Mi *mancano* 100 marchi: non li avrò mica persi!

Aufgepasst!

Dieses Jahr habe ich in der Schule oft gefehlt.

Quest'anno a scuola ho fatto molte *assenze*.

30 Fehler

l'errore (m), *lo sbaglio* – Unrichtigkeit, Irrtum
il difetto – geistige oder körperliche Unzulänglichkeit; (technischer) Defekt

Du hast in deinem Aufsatz viele Fehler gemacht.

Hai fatto molti *errori/sbagli* nel tuo componimento.

Dieser Autounfall ist auf einen technischen Fehler des Motors zurückzuführen.

Questo incidente d'auto è dovuto ad un *difetto* tecnico del motore.

Es war ein großer Fehler, diese Stelle nicht anzunehmen.

È stato un grave *errore/sbaglio* non accettare questo impiego.

Jeder (Mensch) hat seine Fehler.

Ognuno ha i suoi *difetti*.

Aufgepasst!

Das ist dein Fehler! – È *colpa* tua!

31

fertig

avere finito – fertig sein mit (= etwas beendet haben)
essere pronto – fertig (= bereit) sein
essere sfinito/esausto – fertig (= erschöpft) sein

Wann bist du endlich mit deinen Aufgaben fertig?	Insomma, quando avrai *finito* i tuoi compiti?
Sind alle fertig?	Tutti *pronti*?
Ich war so fertig, dass ich nicht mehr stehen konnte.	Ero talmente *sfinito/a* che non mi reggevo più in piedi.
Ich rasiere mich (noch), und dann bin ich fertig.	Mi faccio la barba e sono *pronto*.
Seid ihr mit dem Essen schon fertig?	Avete già *finito* di mangiare?

32

Film

la pellicola – Filmstreifen
il film – Filmwerk
il cinema – Filmgeschäft, -wesen

Welcher Film läuft heute?	Che *film* danno oggi?
Sie ist beim Film.	Fa del *cinema*.
Geben Sie mir einen Farbfilm!	Mi dia una *pellicola* a colori!
Sie benimmt sich wie eine Filmdiva.	Si comporta come una diva del *cinema*.
Dieser Kriminalfilm ist ein klassischer Thriller.	Questo *film* giallo è un classico del brivido.

33 Frage

la domanda – (ist zu beantworten)
la questione – (wird erörtert)
il problema – (ist zu lösen)

Darf ich dir eine Frage stellen?	Ti posso fare una *domanda*?
Wie lässt sich die Wohnungsfrage lösen?	Come si potrà risolvere il *problema* degli alloggi?
Im Parlament wird die Frage des (italienischen) Südens diskutiert.	Si discute in Parlamento la *questione* meridionale.
Gibt es weitere offene Fragen?	Ci sono altri *problemi* in sospeso?
Warum antwortest du nicht auf meine Fragen?	Perché non rispondi alle mie *domande*?
Das Gericht hat die Schuldfrage nicht aufgeworfen.	Il tribunale non ha sollevato la *questione* della colpevolezza.

34 geboren

essere nato a… il… – am… in… geboren sein
un artista *nato* – ein geborener Künstler
italiano *di nascita* – geborener/gebürtiger Italiener

Ich bin am 3. 3. 1963 in Stuttgart geboren.	Sono *nato/a* a Stoccarda il 3/3/1963.
Er ist ein geborener Schauspieler.	È un attore *nato*.
Sie ist geborene/gebürtige Deutsche.	È tedesca *di nascita*.

Aufgepasst!

Was ist sie für eine Geborene? – Qual è il suo *nome da ragazza*?

Gefühl

il sentimento – Empfindung
la sensibilità – Fähigkeit zur Empfindung
la sensazione – Eindruck, Ahnung

Die Musik von Puccini ist sehr gefühlvoll.	La musica di Puccini è piena di *sentimento*.
Ich habe das Gefühl, dass es ihm nicht allzu gut geht.	Ho la *sensazione* che lui non stia troppo bene.
Dieser Mensch hat weder Gefühl noch Verstand.	Quest'uomo manca di *sensibilità* e anche di giudizio.
Seine Gefühllosigkeit überraschte mich.	La sua mancanza di *sensibilità* mi sorprese.
Er musste seine Gefühle verbergen.	Doveva nascondere i suoi *sentimenti*.
Ich habe ein eigenartiges Gefühl.	Ho una strana *sensazione*.

Aufgepasst!

sentimentale – rührselig; Liebes-
sensibile (a) – empfindsam; empfindlich (gegen)
sensato – vernünftig, besonnen

Er ist ein vernünftiger Mensch.	È una persona *sensata*.
Dieser Film ist lichtempfindlich.	Questa pellicola è *sensibile* alla luce.
Sie erzählte uns ihre Liebesabenteuer.	Ci raccontò le sue avventure *sentimentali*.

36

gegen

contro – (feindlich ausgerichtet) gegen
verso – in Richtung (örtlich), etwa um (zeitlich), zu, mit, gegenüber (bei Personen)

Folgt auf „gegen“ ein Personalpronomen, so muss im Italienischen nach *contro* und *verso* ein *di* stehen: gegen mich – contro *di* me, verso *di* me.

Man muss gegen die Luftverschmutzung (an)kämpfen.	Bisogna lottare *contro* l'inquinamento atmosferico.
Gegen Abend kam sie nach Hause.	*Verso* sera tornò a casa.
Was hast du gegen mich?	Che cos'hai *contro di* me?
Du musst zu ihm/ihm gegenüber nachsichtiger sein.	Devi essere più indulgente *verso di* lui.
Sie reisten gegen Norden.	Viaggiarono *verso* nord.

37

Gegenstand

l'oggetto – Gegenstand: Ding, Ziel, Objekt
la materia – (Unterrichts-)Gegenstand

Es wird gebeten, Wertgegenstände an der Kasse abzugeben.	Pregasi (di) depositare *oggetti* di valore alla cassa.
Ist Italienisch an deiner Schule ein Wahlfach?	È *materia* opzionale l'italiano nella tua scuola?
Der Neuankömmling war der Gegenstand der allgemeinen Aufmerksamkeit.	Il nuovo arrivato è stato *oggetto* di generale attenzione.

gehen

andare – jede Art der Fortbewegung mit Angabe des Ziels; fig: funktionieren
andare a piedi – gehen; Gegensatz: fahren
camminare – gehen; Gegensatz: nicht gehen (können), rasten

Rita geht (schon) zur Schule.	Rita *va* a scuola.
Wenn es nicht regnet, geht sie zu Fuß.	Se non piove, *va a piedi*.
Ihr Bruder ist erst 10 Monate alt; er kann noch nicht gehen.	Suo fratello ha appena 10 mesi; non *cammina* ancora.
Es ist alles gut gegangen.	Tutto *è andato* bene.
Ich kann nicht mehr gehen, ich muss ein wenig rasten.	Non posso *camminare* più (a lungo), devo riposarmi un po'.

Aufgepasst!

Diese Artikel gehen gut.	Questi articoli *si vendono* bene.
Wie geht es dir?	Come *stai*?
Kümmere dich um deine eigenen Angelegenheiten; das geht dich nichts an.	Bada ai fatti tuoi: questo non *ti riguarda*.
Deine Uhr steht/geht vor/geht nach.	Il tuo orologio *è fermo/va avanti/va indietro*.
Das Fenster geht auf die Straße.	La finestra *dà* sulla strada.

39 gerade

Sto leggendo. – Ich lese gerade.
(= gerade etwas tun)
Sono *appena* arrivato. – Ich bin gerade angekommen.
(= gerade etwas getan haben)

Störe mich nicht, ich schreibe gerade einen Brief.
Non mi disturbare, sto scrivendo una lettera.

Es tut mir leid, mein Mann ist gerade fortgegangen.
Mi dispiace, mio marito è appena uscito.

Wir hatten gerade zu Abend gegessen, als das Telefon klingelte.
Avevamo appena cenato quando squillò il telefono.

Was machst du gerade?
Che cosa stai facendo?

Aufgepasst!

Zur Verstärkung des darauffolgenden Wortes: *proprio*.

Gerade du müsstest es wissen.
Proprio tu lo dovresti sapere.

Gerade heute ist ein Brief aus Belgien gekommen.
Proprio oggi è arrivata una lettera dal Belgio.

40 gern

Lo faccio *volentieri*. – Ich tue es gern. (= mit Vergnügen)
Mi *piace* il riso. – Ich habe Reis gern. (= schmecken)
Voglio bene ai bambini. – Ich habe Kinder gern. (= lieben)

Gehst du gerne hin?
Ti piace andarci?/Ci vai volentieri?

Hast du ihn gern?

Er isst gern.

Danke für die Einladung; ich komme gern.

Kochst du gern?

Aufgepasst!

Ich möchte gerne mit Herrn X sprechen.
– *Vorrei parlare* col Sig. X.

Geschmack

il sapore – Geschmacksempfindung (vermittelnd); fig: Beigeschmack
il gusto – Meinung, Anschauung; Kunstverständnis

Diese Äpfel haben (überhaupt) keinen Geschmack.

Seine Worte hatten einen sarkastischen Beigeschmack.

Deine Art zu reisen entspricht nicht meinem Geschmack.

Diese Wohnung ist mit Geschmack eingerichtet.

Aufgepasst!

saporito – schmackhaft
di buon gusto – geschmackvoll

42 Gesellschaft

la società – (menschliche) Gesellschaft; Handelsgesellschaft
la compagnia, le compagnie – Gesellschaft, Begleitung
la comitiva, il gruppo – Gesellschaft, Gruppe

Er protestierte heftig gegen die Fehler unserer Gesellschaft.

Protestava violentemente contro i difetti della nostra *società*.

Leiste mir Gesellschaft, ich fühle mich so allein.

Fammi *compagnia*, mi sento tanto solo.

Es handelt sich um eine Aktiengesellschaft.

Si tratta di una *società* per azioni.

Er ist in schlechte Gesellschaft geraten.

Frequenta cattive *compagnie*.

Gesellschaftsreisen sind große Mode.

I viaggi in *comitiva/gruppo* sono molto di moda.

43 Glas

il vetro – durchsichtiger Werkstoff; Glasscheibe
il bicchiere – Trinkglas

Dieser Gegenstand ist aus Glas.

Questo oggetto è di *vetro*.

Bring mir ein Glas Wasser, bitte.

Portami un *bicchiere* d'acqua, per piacere.

Wer hat aus diesem Glas getrunken?

Chi ha bevuto in questo *bicchiere*?

Eine Fensterscheibe ist eingeschlagen.

Si è rotto un *vetro* della finestra.

glauben

44

credere *a* qualche cosa – an etwas glauben
credere *in* qualcuno – an jdn glauben, vertrauen auf

Sie glaubte deinen Worten nicht.	Non credette *alle* tue parole.
Glaubst du an Gott?	Credi *in* Dio?
Ich glaube nicht an diese Möglichkeit.	Non credo *a* questa eventualità.
Ich glaube an die Menschheit und an den menschlichen Fortschritt.	Credo *nell'* umanità e *nel* progresso umano.

Glück; glücklich

45

la felicità – Glücksgefühl
felice – froh, sehr zufrieden
la fortuna – günstiges Geschick
fortunato – vom Glück begünstigt

Sie sind eine glückliche Familie.	Sono una famiglia *felice*.
Sie hat in ihrem Leben immer Glück gehabt.	Ha sempre avuto *fortuna* nella sua vita.
Wir suchen alle das Glück.	Noi tutti cerchiamo la *felicità*.
Er hat kein Glück bei den Frauen.	Non ha *fortuna* con le donne.
Die glücklichen Gewinner wurden mit großem Applaus begrüßt.	I *fortunati* vincitori furono accolti con grandi applausi.

Aufgepasst! Viel Glück! – *Tanti auguri!*

46

gratulieren

congratularsi con / *felicitarsi con* } jdn beglückwünschen (zu bereits erzieltem Erfolg)
fare gli auguri a – jdm Glück wünschen (für die Zukunft)

Ich gratuliere dir zu diesem großen und wohlverdienten Erfolg.	Mi *congratulo*/*felicito* con te per questo grande e ben meritato successo.
Ich gratuliere dir herzlich zu deinem Geburtstag.	Ti *faccio* i miei migliori *auguri* per il tuo compleanno.
Die Freunde gratulierten ihm zur bestandenen Prüfung.	Gli amici si *felicitarono*/*congratularono* con lui per il buon esito dell'esame.

47

Grenze

il confine – Grenze (allgemein)
la frontiera, il confine – Landesgrenze
il limite (auch Plural: *i limiti*) – Grenze (fig)

Die natürlichen Grenzen stimmen mit den Sprachgrenzen nicht immer überein.	I *confini* naturali non coincidono sempre con i *confini* linguistici.
Wir hielten an der österreichisch-italienischen Grenze.	Ci fermammo alla *frontiera* italo-austriaca/al *confine* italo-austriaco.
Alles hat seine Grenzen.	Tutto ha un *limite*./Ogni cosa ha i suoi *limiti*.
An der Grenze mussten wir eine ganze Stunde warten.	Al *confine*/Alla *frontiera* dovemmo aspettare un'ora intera.

Überschreite nicht die Geschwindigkeitsgrenze!	Non oltrepassare il *limite* di velocità!

Größe

la grandezza – Ausdehnung, Umfang, Format; Wichtigkeit, geistiges Format
la statura – Körpergröße
la taglia, la misura – Größe von Kleidungsstücken
la misura – Schuhgröße

Er war ein Mann von mittlerer Größe.	Era un uomo di media *statura*.
Ich möchte ein Paar Sandalen. – Welche Größe haben Sie?	Vorrei un paio di sandali. – Che *misura* ha?
Das Kleid ist zu eng, ich brauche Größe 42.	Il vestito è troppo stretto, avrei bisogno della *taglia/misura* 42.
Die Größe der Stadt überraschte mich.	La *grandezza* della città mi sorprese.
Probieren Sie diese Bluse! Ich weiß nicht, ob die Größe passt.	Provi questa camicetta. Non so se la *taglia/misura* vada bene.
Er hat sich in natürlicher Größe malen lassen.	Si è fatto dipingere in *grandezza* naturale.

Aufgepasst!

Grandezza (feierlich stolzes Benehmen) – *la grandigia*

49 Haar

il capello (auch Plural: *i capelli*) – Kopfhaar
il pelo – Körperhaar, Fell

Meine Freundin hat schwarzes Haar.	La mia amica ha *i capelli* neri.
Dieser Hund hat ein glattes Fell.	Questo cane ha il *pelo* liscio.
Er hat einige weiße Haare in seinem Bart.	Ha qualche *pelo* bianco nella (sua) barba.
Das dichte Haar fiel ihr über die Schultern.	I *capelli* folti le cadevano sulle spalle.

Aufgepasst!

il cappello – Hut

50 halten für

Im Italienischen folgt auf *ritenere, credere, considerare* keine Präposition!

Ich halte ihn für ehrlich.	Lo *ritengo* onesto.
Ich halte es für meine Pflicht.	Lo *considero/ritengo* mio dovere.
Viele hielten ihn für tot.	Molti lo *credevano* morto.

51 Hitze

il caldo – (zu) hohe Temperatur
il calore – bestimmter Wärmegrad

Die sommerliche Hitze war fast unerträglich.	Il *caldo* estivo era quasi insopportabile.
Die Sonnenhitze ist unvorstellbar.	Il *calore* del sole è inimmaginabile.
Was für eine Hitze!	Che *caldo*!
Kinder und alte Leute können die Hitze schlecht vertragen.	I bambini e i vecchi sopportano male il *caldo*.

Aufgepasst!

Die Suppe ist heiß.

hoffentlich

Das Italienische kennt kein entsprechendes Adverb.

Spero che/Spero di – hoffentlich ..., Ich hoffe...
Spero/Speriamo (di sì) – hoffentlich (Kurzantwort)
Spero/Speriamo di no – hoffentlich nicht (Kurzantwort)

Hoffentlich kommt er morgen.	*Spero che* venga domani.
Hoffentlich habe ich den Schlüssel nicht verloren.	*Spero di* non aver perso le chiave.
Wird es morgen regnen? – Hoffentlich nicht.	Pioverà domani? – *Spero/Speriamo di no*.
Wirst du nächste Woche nach Italien fahren können? – Hoffentlich.	Potrai andare in Italia la settimana prossima? – *Spero (di sì)*.

53 hören

ascoltare – zuhören, hören auf
sentire – hören, verstehen

Es hat geläutet. – Ich habe nichts gehört.

Hallo! Hörst du mich?

Hören Sie auf den Rat des Arztes!

Hör mir gut zu!

Ich habe gehört, dass du krank bist.

Aufgepasst!

von sich hören lassen – *farsi vivo*

Sie hat nichts mehr von sich hören lassen.

54 in

in – innerhalb eines Zeitraums
fra – an einem künftigen Zeitpunkt

In zwei Wochen fahre ich nach Paris.

Kannst du diese Arbeit in drei Tagen machen?

In einigen Minuten beginnen die Fernsehnachrichten.

Er hat seine Aufgaben in weniger als einer Stunde beendet.	Ha terminato i suoi compiti *in meno di* un'ora.

jeder

(adjektivischer Gebrauch)		(substantivischer Gebrauch)
ogni ←	jeder, alle	→ *ognuno*
ciascun/-a ←	jeder einzelne	→ *ciascuno*
qualunque, qualsiasi ←	jeder beliebige	→ *chiunque*

Jeder Tag hat seine Überraschungen.	*Ogni* giorno ha le sue sorprese.
Er war bereit jede (beliebige) Arbeit anzunehmen.	Era disposto ad accettare un lavoro *qualsiasi/qualunque*.
Dieses Spiel gefällt Kindern jeden Alters.	Questo gioco piace ai bambini di *ogni* età.
Jeder von uns unterliegt den Umwelteinflüssen.	*Ognuno/Ciascuno* di noi è soggetto alle influenze ambientali.
Du kannst jeden fragen, es wird dir niemand recht geben.	Puoi chiedere a *chiunque*, nessuno ti darà ragione.
Ich sehe sie jeden Abend.	La vedo *ogni* sera.
Mir ist jeder Abend recht.	Per me *qualsiasi/qualunque* sera va bene.
Ich werde jedem, der kommt, zu trinken geben.	Darò da bere a *chiunque* venga.

Du kannst mir jede (beliebige) Frage stellen.

[redacted]

Aufgepasst!

„jeder“ in sinnverneinten Sätzen: *alcun/-a*

Sie hat diese Arbeit ohne jede Mühe erledigt.

[redacted]

56 Karte

il biglietto – Eintritts-, Fahrkarte
la cartolina – Ansichtskarte

Hast du schon die Eintrittskarten gekauft?

Wir sollten ihm eine Ansichtskarte schreiben.

Ich gehe in den Tabakladen, um Karten und Briefmarken zu kaufen.

Für diesen Zug benötigt man eine Fahrkarte 1. Klasse.

[redacted]

Aufgepasst!

la carta – Papier
la carta geografica – Landkarte

57 Kette

la catena – Kette (allg)
la collana – Halskette

Er schenkte ihr eine Perlenkette.	Le regalò una *collana* di perle.
Leg' den Hund an die Kette!	Metti il cane alla *catena*.
Ich habe meine goldene Halskette verloren.	Ho perso la mia *collana* d'oro.
Die Stadt ist von einer Bergkette umgeben.	La città è circondata da una *catena* di monti.

Aufgepasst!

il lavoro a catena – Fließbandarbeit

58

kochen

bollire – kochen, sieden (Flüssigkeit)
cuocere – kochen (feste Speisen)
far da mangiare, cucinare – kochen (Personen)

Das Wasser kocht.	L'acqua *bolle*.
Das Gemüse auf kleiner Flamme kochen lassen.	Far *cuocere* la verdura a fuoco lento.
Wenn ihr Hunger habt, gehe ich (etwas) kochen.	Se avete fame, vado a *far da mangiare/cucinare*.
Das Blut kocht ihm in den Adern.	Il sangue gli *bolle* nelle vene.
Die Tante kocht und kann (daher) nicht kommen.	La zia *sta facendo da mangiare/cucinando* e non può venire.

Aufgepasst!

Kaffee kochen – *fare* il caffè
gekochtes Rindfleisch – manzo *lesso*
durchgekocht, gar – *cotto*

59 können

potere – können, weil es die Umstände erlauben
sapere – können, weil man es gelernt hat

Ich kann nicht kommen, weil ich arbeiten muss.
Non *posso* venire, perché devo lavorare.

Kannst du dieses Gedicht auswendig?
Questa poesia la *sai* a memoria?

Können Sie Deutsch?
Sa il tedesco (Lei)?

Das Mädchen kann schwimmen, du kannst sie (daher) zu dir ins Boot nehmen.
La bambina *sa* nuotare, la *puoi* prendere con te in barca.

60 Kultur

ist in einigen Fällen nur annähernd ins Italienische zu übersetzen. Hierfür gelten folgende Unterscheidungen:
la cultura/coltura – Bildung eines einzelnen; Anbau
la civiltà – Kultur eines Volkes, einer Epoche

Die Baumwollkulturen wurden vom Hagel zerstört.
Le *colture* del cotone vennero distrutte dalla grandine.

Die klassische Bildung beruft sich auf die griechisch-römische Kultur.
La *cultura* classica si ispira alla *civiltà* greco-romana.

Viele alte Kulturen haben ihre Spuren hinterlassen.
Molte antiche *civiltà* hanno lasciato le loro tracce.

Aufgepasst!

un uomo *colto* – ein kultivierter/gebildeter Mensch
terreno *coltivato* – Kulturland/bebautes Land

kurz

61

corto – (räumlich)
breve – (zeitlich)

Dieses Kleid ist zu kurz.	Questo vestito è troppo *corto*.
Leider waren unsere Ferien zu kurz.	Purtroppo le nostre vacanze sono state troppo *brevi*.
Ich habe sie nur kurz gesehen.	L'ho vista solo *brevemente*.
Er hat ganz kurzes Haar.	Ha i capelli *corti corti*.

Aufgepasst!
Ich habe ihn kürzlich gesehen. – L'ho visto *recentemente*.

Land

62

il paese/Paese – Land (= Staat)
la terra (→ acqua) – Land (→ Wasser)
la campagna (→ città) – Land (→ Stadt)
il paesaggio – Land(schaft)

Amerika wird das Land der unbegrenzten Möglichkeiten genannt.	L'America viene definita il *paese* dalle infinite possibilità.
Hier will niemand mehr das Land bebauen/bestellen.	Qui nessuno vuole più lavorare la *terra*.
Leben Sie in der Stadt oder auf dem Land?	Abita in città o in *campagna*?
Land in Sicht!	*Terra* in vista!

Am nächsten Sonntag wollen wir aufs Land fahren.

Domenica prossima vogliamo andare in *campagna*.

Sie müssen sich an die Behörden Ihres Landes wenden.

Deve rivolgersi alle autorità del suo *Paese*.

Das toskanische Land/ Die Landschaft der Toskana hat einen ganz besonderen Reiz.

Il *paesaggio* toscano ha un suo fascino tutto particolare.

Aufgepasst!

das Heilige Land – *la Terrasanta*
meine Heimat – *la mia terra*

63

lang

lungo – lang (Adjektiv: räumlich + zeitlich)
a lungo – lange (Adverb: zeitlich)
lungamente – ausführlich (Adverb)

Wir haben eine lange Reise gemacht.

Abbiamo fatto un *lungo* viaggio.

Halten Sie sich lange in Bari auf?

Si ferma *a lungo* a Bari?

Das Mädchen trägt einen langen Rock.

La ragazza indossa una gonna *lunga*.

Wir haben lange darüber diskutiert.

Ne abbiamo discusso *a lungo*/*lungamente*.

lassen

lasciare – lassen (= zulassen, belassen)
fare – lassen (= anordnen)
far fare – machen lassen

Lass mich gehen!	*Lasciami* andare!
Der Lehrer lässt uns schwierige Übungen machen.	Il maestro ci *fa fare* degli esercizi difficili.
Ich lasse mir ein Glas Wasser bringen.	Mi *faccio* portare un bicchiere d'acqua.
Ich kann ihn nicht allein lassen.	Non posso *lasciarlo* solo.
Hast du dir das Kleid bei deiner Schneiderin machen lassen?	Questo vestito te lo sei *fatto fare* dalla tua sarta?
Ich habe mir die Haare schneiden lassen.	Mi sono *fatta* tagliare i capelli.

Aufgepasst!

Lass das sein! – *Smettila!/Piantala!*
Lassen Sie sich nicht stören! – Non *si disturbi!*
Lass(t) uns gehen! – *Andiamo!*

65 laut

parlare *ad alta voce/forte* – laut sprechen
leggere *ad alta voce* – laut lesen, vorlesen
essere *rumoroso* – laut sein

Ich kann nicht laut sprechen, weil meine Mutter schläft.	Non posso parlare *ad alta voce/forte* perché mia madre dorme.
Sprich lauter, ich kann dich nicht verstehen!	Parla *più forte/a voce più alta*, non riesco a sentirti.
Die Straße ist schrecklich laut!	La strada è tremendamente *rumorosa*.
Um den Text gut zu verstehen, empfiehlt es sich ihn laut zu lesen.	Per capire bene questo testo conviene leggerlo *ad alta voce*.

66 leicht

leggero (→ pesante) – gering an Gewicht, anspruchslos
facile (→ difficile) – mühelos (zu bewältigen)

Es wird nicht leicht sein, solche Schuhe in dieser Jahreszeit zu finden.	Non sarà *facile* trovare scarpe così in questa stagione.
Mein Koffer ist leicht.	La mia valigia è *leggera*.
Dieser Text ist sehr leicht, ich kann ihn ohne Wörterbuch übersetzen.	Questo testo è molto *facile*: lo posso tradurre senza dizionario.
Ich suche eine leichte Lektüre für den Urlaub.	Cerco una lettura *leggera* per le vacanze.

Aufgepasst!

Er ist leicht gekränkt. – Si offende *facilmente*.

lernen

67

studiare – lernen, studieren
imparare – (er)lernen, Kenntnisse erwerben

Durch Fehler lernt man.	Sbagliando s'*impara*.
Wer Deutsch lernen will, muss viel dafür tun.	Chi vuole *imparare* il tedesco deve *studiare* molto.
Er lernt den ganzen Tag.	Non fa che *studiare* tutto il giorno.
Welchen Beruf hat er erlernt?	Che mestiere ha *imparato*?

lösen

68

sciogliere – auf-/ablösen (Dinge)
risolvere – klären (Problem, Rätsel usw)

Der Zucker löst sich im Wasser.	Lo zucchero si *scioglie* nell'acqua.
Ich kann dieses Rätsel nicht lösen.	Non riesco a *risolvere* quest'enigma.
Es ist uns nicht gelungen das Problem zu lösen.	Non siamo riusciti a *risolvere* il problema.
Ich werde versuchen den Knoten zu lösen.	Cercherò di *sciogliere* il nodo.

Aufgepasst!

Der Schnee schmilzt in der Sonne.	La neve si *scioglie* al sole.

69

Maler

il pittore – Kunstmaler
l'imbianchino – Maler, Anstreicher

Ich kann nicht kommen, ich habe die Maler im Haus.	Non posso venire, ho *l'imbianchino* in casa.
Er hat sich von einem unbekannten Maler malen lassen.	Si è fatto ritrarre da un *pittore* sconosciuto.
Der Maler hat alle Wände weiß gestrichen.	*L'imbianchino* ha imbiancato tutte le pareti.
Was ist er von Beruf? – Er ist Landschaftsmaler.	Che mestiere fa? – Fa il *pittore* di paesaggi.

70

meinen

pensare – der Meinung sein
voler dire, intendere dire – (damit) meinen, sagen wollen
parlare di, riferirsi a – (jdn/etw) meinen, sich beziehen auf

Ich meine, dass wir nach Hause gehen sollten.	*Penso* che dovremmo andare a casa.
Was meinst du damit?	Che cosa *vuoi dire*/*intendi dire* con questo?
Schweif nicht ab; ich meinte (nämlich) genau dich!	Non cambiare discorso. Mi *riferivo* proprio a te/ *Parlavo* proprio di te!
Sei nicht beleidigt. Ich meinte (ja) nur, du solltest nicht übertreiben.	Non offenderti. *Volevo dire*/*Intendevo dire* soltanto che non dovresti esagerare.

Meinst du mich? — *Parli di me?* / *Ti riferisci a me?*

nach

dopo – nach (zeitlich)
a – nach (örtlich)
secondo – laut, gemäß

Nach dem Theater gehen wir ein Gläschen (= etwas) trinken.	*Dopo* il teatro andiamo a bere qualcosa.
Nach meiner Meinung ist er alles andere als dumm.	*Secondo* il mio parere è tutt'altro che stupido.
Fährt dieser Zug nach Rom?	Questo treno va *a* Roma?
Gehen Sie jetzt nach Hause?	Va *a* casa adesso?
Nein, ich werde erst nach fünf Uhr frei sein.	No, sarò libero solo *dopo* le cinque.
Nach dem Gesetz ist er nicht schuldig.	*Secondo* la legge non è colpevole.

Aufgepasst!

nach Maß arbeiten – lavorare *su misura*
dem Namen nach kennen – conoscere *di nome*

72

nächst

la settimana *prossima* in der nächsten Woche	} kommend (zeitlicher Bezugspunkt ist die Gegenwart)
la mattina *dopo* am nächsten Morgen	} drauf folgend (zeitlicher Bezugspunkt liegt in der Vergangenheit)

Wir sehen uns nächsten Freitag.	Ci vediamo venerdì *prossimo*.
Eines Abends traf ich ihn auf der Straße; am nächsten Morgen fuhr er fort.	Una sera l'ho incontrato per strada; partiva la mattina *dopo*.
Nächstes Jahr werde ich meine Ferien in Griechenland verbringen.	L'anno *prossimo* passerò le mie vacanze in Grecia.
Ich hatte so viel getrunken, dass ich am nächsten Tag nicht arbeiten konnte.	Avevo bevuto tanto da non poter lavorare il giorno *dopo*.

Aufgepasst!

il più vicino – der nächste (Entfernung)
il prossimo – der nächste (Reihenfolge)

Wo ist die nächste Apotheke?	Dov'è la farmacia *più vicina*?
Der nächste, bitte!	Avanti il *prossimo*!

Paar; ein paar

un paio (Plural: *le paia*) – zwei Dinge, die eine Einheit bilden
una coppia – zwei Personen, die eine Einheit bilden

alcuni/-e } einige
qualche (+ Substantiv im Singular!) } einige

Ich muss mir ein Paar Schuhe kaufen.	Devo comprarmi un *paio* di scarpe.
Sie sind ein glückliches Paar.	Sono una *coppia* felice.
Ich möchte Ihnen ein paar Fragen stellen.	Vorrei farle *qualche* domanda/*alcune* domande.
In diesem Winter habe ich zwei Paar Handschuhe verloren.	Quest'inverno ho perso due *paia* di guanti.
Morgen findet ein Paarlaufen statt.	Domani ci sarà una gara a *coppie*.
Willst du ein paar Äpfel?	Vuoi *qualche* mela/*alcune* mele?

Aufgepasst!

un paio (di) – auch: (etwa) zwei, einige (wenige)

Wie viele Äpfel wollen Sie? – Geben Sie mir zwei.	Quante mele vuole? – Me ne da *un paio*.
Ich fahre für einige Tage nach Prag.	Vado a Praga per *un paio* di giorni.

74 Partei; Partie; Party

la partita – (Spiel-) Partie
il partito – Partei, (Heirats-)Partie
la festa – Party

Ich habe ein Fußballspiel gesehen.	Ho assistito ad una *partita* di calcio.
Maria hat eine gute Partie gemacht.	Maria ha sposato un buon *partito*.
Letzten Samstag waren wir auf einer Tanzparty.	Sabato scorso siamo stati ad una *festa* danzante.
Willst du mit mir eine Partie Schach spielen?	Vuoi fare una *partita* a scacchi con me?
Die Linksparteien missbilligten diese Regierungsmaßnahme.	I *partiti* di sinistra disapprovarono questa misura governativa.
Wie ist deine Party verlaufen?	Com'è andata la tua *festa*?

Aufgepasst!

Partei ergreifen für – prendere le *parti* di

Er hat für den Schwächeren Partei ergriffen.	Ha preso le *parti* del più debole.

75 Plan

il piano – Projekt
il progetto – Absicht
la pianta – Grundriss, Karte

Was sind die Ziele des Grünen Plans?	Quali sono gli obiettivi del *Piano* Verde?
Hast du einen Stadtplan?	Hai una *pianta* della città?
Ich kenne deine Pläne nicht.	Non conosco i tuoi *progetti*.
Er hat immer sehr viele Pläne, aber er verwirklicht sie nie.	Ha sempre molti *progetti*, ma non li realizza mai.
Zeig mir den Plan deiner neuen Wohnung.	Fammi vedere la *pianta* del tuo nuovo appartamento.

Platz

la piazza – umbaute Fläche; Handelsplatz
il posto – (Sitz-)Platz

Ich habe zwei Plätze reservieren lassen.	Ho fatto riservare due *posti*.
Das ist das beste Geschäft am Platze.	Questo è il miglior negozio in *piazza*.
Tschüss! Wir sehen uns also um drei Uhr am Domplatz.	Ciao! Ci vediamo dunque alle tre in Piazza (del) Duomo.
Hier ist für alle Platz!	C'è *posto* per tutti.

Aufgepasst!

il letto a due piazze – Doppelbett

77

Preis

il prezzo – Preis, den man bezahlt
il premio – Preis, den man gewinnt; Prämie

Die Verringerung der Kaufkraft ist auf die Preissteigerung zurückzuführen.	La diminuzione del potere d'acquisto è dovuta al rialzo dei *prezzi*.
Pirandello erhielt 1936 den Nobelpreis.	Pirandello ricevette il *premio* Nobel nel 1936.
Die Versicherungsprämie für Kraftfahrzeuge ist erhöht worden.	Il *premio* di assicurazione per autoveicoli è stato aumentato.
Wir haben leider feste Preise und können keinen Nachlass gewähren.	Purtroppo abbiamo *prezzi* fissi e non possiamo fare sconti.

78

Raum

lo spazio – Raum, Platz, Weltraum
il locale – Räumlichkeit

Dieses Möbelstück nimmt zu viel Raum ein.	Questo mobile occupa troppo *spazio*.
Wieviele Räume hat diese Wohnung?	Quanti *locali* ha questo appartamento?
Die Schulräume entsprechen nicht mehr den modernen Anforderungen.	I *locali* scolastici non corrispondono più alle esigenze moderne.
Die Eroberung des Weltraums ist einer der großen Träume der Menschheit.	La conquista dello *spazio* è uno dei grandi sogni dell'umanità.

Reihe

79

la fila – die Reihe (Kino, Theater, Schule usw)
una serie di – eine Reihe (von), einige

Sitzt du in der ersten Reihe?	Sei seduto in prima *fila*?
Er hat eine Reihe von wissenschaftlichen Büchern geschrieben.	Ha scritto *una serie di* libri scientifici.
Eine Reihe unvorhergesehener Ereignisse hat meine Pläne zerstört.	*Una serie di* avvenimenti imprevisti ha(nno) distrutto i miei progetti.
In den letzten Reihen sind keine Plätze mehr frei.	Nelle ultime *file* non ci sono più posti liberi.

Aufgepasst!

Wer ist an der Reihe? Ich bin an der Reihe!	A chi tocca? Tocca a me.

schmecken

80

mi piace – es schmeckt mir, ich finde es gut
sa di – es schmeckt nach …

Schmecken dir die Tintenfische?	Ti *piacciono* i calamari?
Diese Suppe schmeckt nach gar nichts.	Questa minestra non *sa* di niente.
Die Kartoffeln schmecken angebrannt.	Le patate *sanno di* bruciato.
Dieses Fleisch schmeckt mir nicht.	Questa carne non mi *piace*.

81 schnell

veloce – geschwind (meist Adjektiv)
rapido – plötzlich (Adjektiv)
presto – rasch, bald (Adverb)

Warum willst du dir diesen schnellen Wagen kaufen?	Perché ti vuoi comprare questa macchina *veloce*?
Er ist einen schnellen und schmerzfreien Tod gestorben.	Ha avuto una morte *rapida* e senza dolori.
Schnell, schnell, wir kommen zu spät!	*Presto, presto!* Faremo tardi!
Ich werde es dich so schnell wie möglich wissen lassen.	Te lo farò sapere il più *presto* possibile.

Aufgepasst!

Bitte fahr nicht so schnell! – Ti prego, non andare così *forte*.

82 Schuld

la colpa – das Verschulden, die Schuld an einem Sachverhalt
il debito – die Verpflichtung, die Schuld gegenüber einer Person
la colpevolezza – das Schuldigsein

Er versucht den anderen die Schuld zuzuschieben.	(Egli) cerca di dare la *colpa* agli altri.
Ich bin von der Schuld des Angeklagten nicht überzeugt.	Non sono convinto/a della *colpevolezza* dell'accusato.
Wenn der Plan misslingt, ist es nicht meine Schuld.	Se il progetto fallisce, non è *colpa* mia.

Ich stehe bei dir in Schuld, weil ich dir einen großen Schaden zugefügt habe.	Mi sento in *colpa* verso di te perché ti ho causato un grave danno.
… und vergib uns unsere Schuld …	… e rimetti a noi i nostri *debiti* …
Er hat seine Schuld noch nicht beglichen.	Non ha ancora pagato il suo *debito*/i suoi *debiti*.
Er wollte seine Schuld nicht bekennen.	Non voleva riconoscere la propria *colpevolezza*/*colpa*.

Aufgepasst!

il colpevole – der Schuldige
il debitore – der Schuldner

schwer

difficile (→ facile) – schwer, schwierig
pesante (→ leggero) – schwer, von beachtlichem Gewicht
grave – schwer, gewichtig (fig)

Wir leben in einer schweren Zeit.	Viviamo in un periodo *difficile*.
Sie leidet an einer sehr schweren Krankheit.	Soffre di una malattia molto *grave*.
Es ist schwer, nie den Mut zu verlieren.	È *difficile* non perdersi mai di coraggio.
Ach, sind diese Koffer schwer!	Come sono *pesanti* queste valigie!
Das ist ein schwerer Fehler.	È un *grave* errore.
Dieser Stoff ist zu leicht, ich suche einen schwereren.	Questa stoffa è troppo leggera, ne cerco una più *pesante*.

84

Sitz

il posto – Sitzplatz (in der Straßenbahn, im Theater usw)
il sedile – Sitz (im Auto)
la sede – Sitz (des Unternehmens, der Regierung)

Die hinteren Sitze dieses Autos sind unbequem.

I *sedili* posteriori di questa macchina sono scomodi.

Wo ist der Sitz dieser Firma?

Dov'è la *sede* di questa ditta?

Amsterdam ist die Hauptstadt Hollands, der Regierungssitz ist jedoch in Den Haag.

Amsterdam è la capitale dell'Olanda, ma la *sede* del governo è all'Aia.

Die Straßenbahn ist heute ziemlich voll, aber hier ist (noch) ein Sitzplatz frei.

Oggi il tram è abbastanza pieno, ma ecco un *posto* libero.

Die Batterie dürfte sich unter dem Führersitz befinden.

La batteria dovrebbe trovarsi sotto il *sedile* del conducente.

Ist der Sitz neben Ihnen besetzt?

È occupato il *posto* accanto a Lei?

Aufgepasst!

il seggio – Sitz (im Parlament)

In den Wahlen von 1996 hat die Partei „L'Ulivo" 284 Sitze gewonnen.

Nelle elezioni del 1996 il Partito „L'Ulivo" ha guadagnato 284 *seggi*.

sollen

85

Che venga! – Er soll kommen.
(Konj. Präs.: Aufforderung an die 3. Person)

Secondo gli stilisti il rosso *sarebbe* il colore di moda. – Nach Ansicht der Designer soll Rot die Modefarbe sein.
(Kond. I: nicht erwiesene Behauptung)

Sag ihm, dass er mich rufen soll.	Digli che mi *chiami*.
Weißt du, was ich gehört habe? Die Schulen sollen geschlossen werden.	Sai che cosa ho sentito dire? *Verrebbero* chiuse le scuole.
Sie sollen tun, was sie wollen.	*Facciano* quello che vogliono.
Nach den letzten Nachrichten soll die Geisel frei sein.	Secondo le ultime notizie l'ostaggio *sarebbe* libero.

Spiel

86

il gioco – Spiel (allg)
la partita, l'incontro – Wettspiel
la recitazione – Gestik und Mimik

Ich kenne dieses Spiel nicht.	Non conosco questo *gioco*.
Die Olympischen Winterspiele 1976 fanden in Innsbruck statt.	I *Giochi Olimpici* invernali del 1976 hanno avuto luogo a Innsbruck.
Unsere Mannschaft hat das Spiel gewonnen.	La nostra squadra ha vinto la *partita/l'incontro*.
Die Komödie gefiel mir nicht besonders, aber sie war hervorragend gespielt.	La commedia non mi piaceva tanto ma la *recitazione* era eccellente.

87 spielen

suonare – (ein Instrument) spielen
giocare a – (ein Spiel) spielen
recitare – spielen (Schauspieler)
fare la parte di – (eine Rolle) spielen

Kannst du Schach spielen?	Sai *giocare a* scacchi?
Meine Schwester spielt Klavier.	Mia sorella *suona* il piano.
Dieser Schauspieler spielt sehr gut.	Questo attore *recita* molto bene.
Willst du den Don Carlos spielen?	Vuoi *fare la parte di* Don Carlos?
Dieses Jahr spiele ich in einer Komödie von Pirandello.	Quest'anno *recito* in una commedia di Pirandello.

88 sprechen

parlare a qualcuno – jdn sprechen
ricevere – zu sprechen sein, Sprechstunde haben

Ich muss ihn sofort sprechen.	Devo *parlargli* subito.
Der Professor ist nur von 10–12 Uhr zu sprechen.	Il professore *riceve* solo dalle 10 alle 12.
Kannst du mir sagen, wann Doktor X Sprechstunde hat?	Mi puoi dire quando *riceve* il dottor X?
Ich muss Sie noch in dieser Woche sprechen!	Devo *parlarle* entro questa settimana.

Takt

89

il tatto – Feingefühl
il tempo – Rhythmus; Arbeitsgang des Motors

Der Dirigent gibt den Takt an.	Il direttore d'orchestra dà il *tempo*.
Er ist sehr taktvoll.	È pieno di *tatto*.
Ich warf ihm Taktlosigkeit vor.	Gli rinfacciai la sua mancanza di *tatto*.
Mein Auto hat einen Viertaktmotor.	La mia macchina ha il motore a quattro *tempi*.

Traube

90

il grappolo – Blüten-/Fruchtstand, auch fig
l'uva (immer im Singular) – Frucht der Weinrebe

Dieses Jahr sind die Trauben sehr teuer.	*L'uva* è molto cara quest'anno.
Eine Traube von Menschen hing an der überfüllten Straßenbahn.	Un *grappolo* umano/di persone pendeva dal tram affollato.
Die weißen Trauben sind sehr süß. – Dann geben Sie mir bitte eine Traube davon.	*L'uva* bianca è molto dolce. – Allora me ne dia un *grappolo*, per favore.

Aufgepasst!

a grappoli – traubenförmig; fig: haufenweise

91

unter

sotto – unter (auch fig), unterhalb von
tra, fra – zwischen (mehreren), bei (auch fig)

Das Buch ist unter den Tisch gefallen. – Il libro è caduto *sotto* il tavolo.

Das kann man nur unter Freunden machen. – Lo si può fare solo *tra* amici.

Sie wohnen unter uns. – Abitano *sotto* di noi.

Wir sind (ganz) unter uns. – Siamo *tra* di noi.

Unter so vielen Leuten verliert man sich leicht. – È facile perdersi *tra* tanta gente.

Er hat es unter Eid versprochen. – Lo ha promesso *sotto* giuramento.

Aufgepasst!

unter der Bedingung (dass) – *a condizione (che)*

Ich gebe es dir nur unter dieser Bedingung. – Te lo do solo *a questa condizione*.

Er hat es mir unter der Bedingung erzählt, dass ich es niemandem sage/nicht weitersage. – Me lo ha raccontato *a condizione che* io non lo dica a nessuno.

verdienen; Verdienst

guadagnare – Geld verdienen (= Gewinn erzielen)
il guadagno – der Verdienst
meritare – Lob/Beachtung verdienen (= wert sein)
il merito – das Verdienst

Wieviel verdient er im Monat?	Quanto *guadagna* al mese?
Sie verdient kein Lob.	Non *merita* lode.
Wenn wir Erfolg haben, ist es dein Verdienst.	Se abbiamo successo è per *merito* tuo.
Er denkt nur an den Verdienst/das Geld.	Non pensa che al *guadagno*.
Das hat er wirklich nicht verdient!	Questo non se lo è *meritato* davvero!
Ich verdiene nicht genug, um mir ein Auto zu kaufen.	Non *guadagno* abbastanza per farmi/comprarmi la macchina.
In diesem Bereich sind die Verdienstmöglichkeiten beschränkt.	In questo settore le possibilità di *guadagno* sono limitate.
Man sagt, sie habe große Verdienste.	Dicono che abbia grandi *meriti*.

Aufgepasst!

guadagnare tempo – Zeit gewinnen

93

Verhältnis(se)

la proporzione (auch Plural: *le -i*) – Proportion
i rapporti (Plural) – Beziehung
la relazione – Liebesverhältnis
le condizioni (Plural) – Lebensumstände

Unser Verhältnis war immer sehr gespannt.	I nostri *rapporti* erano sempre molto tesi.
Er hat ein Verhältnis mit der Frau seines Freundes.	Ha una *relazione* con la moglie del suo amico.
Ich kenne seine finanziellen Verhältnisse nicht.	Non conosco le sue *condizioni* finanziarie.
Das Verhältnis stimmt nicht.	Le *proporzioni* non sono esatte.
Die sozialen Verhältnisse lassen sehr zu wünschen übrig.	Le *condizioni* sociali lasciano molto a desiderare.
Es ist sehr wichtig ein gutnachbarliches Verhältnis zu schaffen.	È molto importante stabilire *rapporti* di buon vicinato.
Weiß Andreas von deinem Verhältnis mit Sergio?	Sa Andrea della tua *relazione* con Sergio?
Das Verhältnis ist 3 zu 1.	La *proporzione* è di 3 a 1.

Aufgepasst!

in rapporto a
in proporzione a
in confronto a
} im Verhältnis zu

verstehen

sentire – hören
capire, comprendere – begreifen
intendere per – verstehen unter, meinen mit
intendersi di – sich verstehen auf, etw verstehen von
sapere – es verstehen

Ich kann sein Vorgehen sehr gut verstehen.	Posso *comprendere/capire* molto bene il suo modo d'agire/di fare.
Hast du es verstanden oder soll ich es dir nochmals erklären?	L'hai *capito/compreso* o te lo devo spiegare un'altra volta?
Hallo! Ich kann Sie nicht verstehen! Sprechen Sie lauter!	Pronto! Non riesco a *sentirla*! Parli più forte!
Was verstehst du unter Freiheit?	Che cosa *intendi per* libertà?
Er versteht es sich über die Leute lustig zu machen.	*Sa* prendere in giro la gente.
Verstehst du etwas von Fußball?	*Te ne intendi di* calcio?
Sie hat es verstanden sich die Sympathie seiner Kollegen zu erwerben.	Ha *saputo* conquistarsi la simpatia dei suoi colleghi.
Ich verstehe mich nicht auf Pferde.	Non *me ne intendo di* cavalli.

Aufgepasst!

Das versteht sich! / Natürlich!	S'intende!

95 versuchen

cercare di – sich um etwas bemühen
tentare (di) – sich um etwas bemühen, erproben; in Versuchung führen
provare (a) – sich um etwas bemühen, erproben; kosten (Speise, Getränk)
assaggiare – kosten (Speise, Getränk)

Versuche pünktlich zu sein!	*Prova a/Tenta di/Cerca di* essere puntuale.
Dieser Schinken ist ausgezeichnet; willst du ihn nicht versuchen?	Questo prosciutto è eccellente; non vuoi *provarlo/assaggiarlo*?
Ich war sehr versucht mir ein Kleid zu kaufen, aber dann dachte ich an meine Schulden.	Ero molto *tentata* di comprarmi un vestito, ma poi ho pensato ai miei debiti.
Versuchen Sie diesen Wein!	*Provi/Assaggi* questo vino!
Man darf sich nicht von den Werbeslogans in Versuchung bringen lassen.	Non bisogna lasciarsi *tentare* dagli slogans pubblicitari.
Der Arzt will ein neues Medikament versuchen.	Il medico vuol *tentare/provare* un nuovo farmaco.

Aufgepasst!

provare un vestito – ein Kleid anprobieren
provare la colpa di qualcuno – jemandes Schuld beweisen
provare dolore/gioia – Schmerz/Freude empfinden

Versuch 96

il tentativo – Versuch etwas zu tun
l'esperimento – wissenschaftlicher Versuch

Alle unsere Versuche, ihn zu retten, waren vergeblich.
Tutti i nostri *tentativi* di salvarlo furono vani.

Wir haben im Laboratorium eine Reihe von Versuchen gemacht.
Abbiamo fatto una serie di *esperimenti* in laboratorio.

Er hat es uns anhand eines chemischen Versuchs erklärt.
Ce lo ha spiegato per mezzo di un *esperimento* chimico.

Man hat den Versuch unternommen die Regierung zu stürzen.
C'è stato un *tentativo* di far crollare il governo.

voll 97

pieno (→ vuoto) – gefüllt
completo (→ parziale, mezzo-) – vollständig, total

Los, trink doch, dein Glas ist noch ganz voll!
Su, bevi, il tuo bicchiere è ancora tutto *pieno*.

Wieviel kostet die Vollpension?
Quanto viene la pensione *completa*?

Das Fest war ein voller Erfolg.
La festa è stata un successo *completo*.

Das Haus ist voll von Leuten.
La casa è *piena* di gente.

Aufgepasst!

die volle Wahrheit – *tutta la verità*
voll tanken – *fare il pieno*

98 vor, zuvor

due giorni *fa* – vor zwei Tagen
due giorni *prima* – zwei Tage vorher/zuvor
prima di me – vor mir (zeitlich)
davanti a me – vor mir (örtlich); auch fig)

Er ist vor einer Woche nach Portugal abgereist.	È partito per il Portogallo una settimana *fa*.
Das hättest du ein Jahr zuvor tun müssen.	Questo lo avresti dovuto fare un anno *prima*.
Heute regnet es, aber vor zwei Tagen schien die Sonne.	Oggi piove, ma due giorni *fa* c'era il sole.
Wir werden vor zehn Uhr ankommen.	Arriveremo *prima delle* dieci.
Vor dem Gesetz sind alle gleich.	*Davanti alla* legge tutti sono uguali.
Sie erzählte es mir gestern, aber ich habe es schon einige Tage zuvor erfahren.	Me lo raccontò ieri, ma lo avevo già saputo qualche giorno *prima*.
Wir sind vor dir angekommen.	Siamo arrivati *prima di* te.
Vor dem Haus war ein kleiner Garten.	C'era un piccolo giardino *davanti alla* casa.

Aufgepasst!

vor (= wegen, aus) – *da*

Er weinte vor Freude.	Piangeva *dalla* gioia.

wählen; Wahl(en) 99

scegliere – auswählen; *la scelta* – Auswahl
votare (per) – stimmen für
eleggere – (zum …) wählen; *le elezioni* – Wahlen

Welchen Stoff soll ich wählen?	Che stoffa devo *scegliere*?
Er wurde zum Abgeordneten gewählt.	Fu *eletto* deputato.
Ich hatte die Qual der Wahl.	Avevo l'imbarazzo della *scelta*.
Welches ist das Ergebnis der Wahl(en)?	Qual è il risultato delle *elezioni*?
Wählen Sie Die Grünen!	*Vota* i Verdi!
Ich habe für NN gestimmt, aber er ist leider nicht gewählt worden.	Ho *votato* per NN, ma purtroppo non è stato *eletto*.

während 100

durante – Präposition
mentre – Konjunktion (zeitlich und Gegensatz)

Dieses Lokal ist während der Ferien geschlossen.	Questo locale è chiuso *durante* le ferie.
Sie las, während wir aßen.	Leggeva *mentre* noi mangiavamo.
Mir gefällt das Gebirge, während er das Meer vorzieht.	A me piace la montagna, *mentre* lui preferisce il mare.
Während deiner Abwesenheit habe ich viel gearbeitet.	*Durante* la tua assenza ho lavorato molto.

101 Wem danken, wen fragen ...?

Ich danke helfc folge	Ihnen		La	ringrazio. aiuto. seguo.
Ich frage lehre will	Sie	sprechen.	Le	chiedo. insegno. voglio parlare.

Ich möchte ihn sprechen.	Vorrei parlargli.
Ich konnte dem Gespräch nicht folgen.	Non potevo seguire il discorso.
Was hast du sie gefragt?	Che cosa le hai chiesto?
Ich dankte ihm für die Einladung.	Lo ringraziai dell'invito.
Hilf ihr, sie kann es nicht alleine machen.	Aiutala, non lo può fare da sola.
Ich muss Sie sprechen.	Devo parlarLe.
Er ist meinem Rat nicht gefolgt.	Non ha seguito il mio consiglio.
Das hat ihn viel (Geld) gekostet.	Ciò gli è costato molto caro.
Ich lehre ihn tanzen.	Gli insegno a ballare.

wenn...

Se ho tempo, ti *scrivo*.
Wenn ich Zeit habe, schreibe ich dir.

Se avessi tempo, ti *scriverei*.
Wenn ich Zeit hätte, würde ich dir schreiben.

Se avessi avuto tempo, ti *avrei scritto*./
Se *avevo* tempo, ti *scrivevo*.
Wenn ich Zeit gehabt hätte, hätte ich dir geschrieben.

Wenn Sie mir wehtun, schreie ich.	Se mi *fa* male, *grido*.
Wenn es weniger kostete, würde ich es kaufen.	Se *costasse* di meno, lo *comprerei*.
Wenn du willst, gehen wir gleich hin.	Se *vuoi*, ci *andiamo* subito.
Wenn ich das gewusst hätte, wäre ich gekommen.	Se lo *sapevo*, *venivo*./ Se lo *avessi saputo*, *sarei venuto/a*.
Auch wenn du nicht wolltest, müsstest du es tun.	Anche se tu non lo *volessi*, *dovresti* farlo.
Ich hätte dir helfen können, wenn du es mir früher gesagt hättest.	*Avrei potuto* aiutarti, se me lo *avessi detto* prima./ Ti *potevo* aiutare, se me lo *dicevi* prima.

103 werden

essere (bei allen Zeiten) } werden (Passiv)
venire (nur bei einfachen Zeiten) } werden (Passiv)

farsi } werden (Zustand, Beruf)
diventare } werden (Zustand, Beruf)

Seine Arbeit wird sehr geschätzt.	Il suo lavoro *è/viene* molto apprezzato.
Das Haus ist verkauft worden.	La casa è *stata* venduta.
Du bist (aber) groß geworden!	*Sei diventato/a!* / Ti *sei fatto/a* grande.
Das Museum wird von vielen Touristen besucht.	Il museo *è/viene* visitato da molti turisti.
Mein Bruder ist Lehrer geworden.	Mio fratello *si è fatto/è diventato* maestro.

Aufgepasst!

krank werden – *ammalarsi*
gesund werden – *guarire*
alt werden – *invecchiare*
nass werden – *bagnarsi*
rot werden – *arrossire*

Wie? 104

come? – wie? (= auf welche Weise?)
quanto? – wie? (= in welchem Maß?)

Wie geht es dir?	*Come* stai?
Wie groß bist du?	*Quanto* sei alto/a?
Wie macht er das?	*Come* lo fa?
Wie hoch ist der Berg?	*Quanto* è alto il monte?

Aufgepasst!

Wie alt bist du?	*Quanti* anni hai?
Wie spät ist es?	*Che* ora è?
Wie teuer ist es?	*Quanto* costa/viene?

Wie gefällt …? 105

Ti piace il vestito? – Wie gefällt dir das Kleid? (beliebiges Subjekt)
Come ti trovi qui? – Wie gefällt es dir hier? (Subjekt ist „es")

Wie gefällt es ihm in Köln?	*Come si trova* a Colonia?
Wie gefallen dir meine neuen Möbel?	Ti *piacciono* i miei nuovi mobili?
Wie gefällt es dir hier bei uns?	*Come ti trovi* qui da noi?
Wie hat dir das Konzert gefallen?	Ti è *piaciuto* il concerto?

106 Zeit

il tempo – Zeit (allgemein)
l'ora (f) – Uhrzeit

Leider habe ich keine Zeit.	Purtroppo non ho *tempo*.
Wir essen immer um diese Zeit.	Mangiamo sempre a quest'*ora*.
Die Zeiten haben sich geändert.	I *tempi* sono cambiati.
Können Sie mir die genaue Zeit sagen?	Mi sa dire l'*ora* esatta?

Aufgepasst!

Das hat Zeit! – C'è *tempo*!
Aber nein, es ist höchste Zeit! – Ma no, è *ora*!

107 Zeugnis

il certificato – Nachweis, Urkunde
l'attestato – Bescheinigung
il diploma – Abschlusszeugnis, Diplom
la pagella – Schulzeugnis
la testimonianza – Zeugnis (fig)

das polizeiliche Führungszeugnis	il *certificato* di buona condotta
das ärztliche Zeugnis	l'*attestato*/il *certificato* medico
das Abiturzeugnis	il *diploma* di maturità
Sind die (Schul-)Zeugnisse schon verteilt worden?	Sono già state consegnate le *pagelle*?

In Italien gibt es viele Zeugnisse alter Kulturen.	In Italia ci sono molte *testimonianze* di antiche civiltà.

zu

108

a – zu (Bewegung in Richtung auf eine Örtlichkeit)
da me – zu mir (Bewegung in Richtung auf eine Person)
con/verso di me – zu mir (= mit mir, mir gegenüber)

Ich komme zu dir.	Vengo *da* te.
Er ist freundlich zu mir.	È gentile *con/verso di* me.
Ich gehe zum Arzt.	Vado *dal* medico.
Die Kinder gehen zur Schule.	I bambini vanno *a* scuola.
Unsere Reise zu den Äolischen Inseln war ein großes Abenteuer.	Il nostro viaggio *alle* isole Eolie è stato una grande avventura.
Du warst sehr unhöflich zu ihm.	Sei stato molto scortese *con/verso di* lui.

Vorsicht, nicht verwechseln!

Agent *agente segreto*	≠	*agente* Vertreter, Makler
Asyl *ospizio, ricovero*	≠	*asilo* Kindergarten
Aula *sala delle feste*	≠	*aula* Klassenzimmer
Bar *night, ritrovo notturno*	≠	*bar* Stehcafé
brav *dabbene, onesto*	≠	*bravo* tüchtig
brutto *lordo*	≠	*brutto* hässlich
Büste *busto*	≠	*busta* Briefumschlag
desinteressiert *indifferente*	≠	*disinteressato* uneigennützig
dezent *discreto, fine*	≠	*decente* anständig, leidlich passend, schicklich
Direktor (Schule) *preside*	≠	*direttore* Leiter
Dirigent *direttore d'orchestra*	≠	*dirigente* leitender Angestellter

Dose *scatola, barattolo*	≠	*dose* Dosis, Menge
fidel *allegro*	≠	*fedele* treu
Firma *ditta*	≠	*firma* Unterschrift
Front *il fronte*	≠	*la fronte* Stirn
groß *grande*	≠	*grosso* dick
Habilitation *esame di libera docenza*	≠	*abilitazione* Lehramtsexamen
Humor *umorismo*	≠	*umore* Laune
Kamera *macchina fotografica*	≠	*camera* Schlafzimmer
Kantine *mensa*	≠	*cantina* Keller
Karte *cartolina; biglietto; carta*	≠	*carta* Papier
Kasino *casinò*	≠	*casino* Freudenhaus
Kompass *bussola*	≠	*compasso* Zirkel

Konfetti *coriandoli*	≠	*confetti* glasierte Mandeln, Wiener Mandeln
Konkurs *fallimento*	≠	*concorso* Wettbewerb, Examen
Kost *vitto*	≠	*costo* Preis, Kosten
Lokal *bar, trattoria, ristorante*	≠	*locale* Raum
luxuriös *lussuoso/di lusso* (Subst.: lusso)	≠	*lussurioso* (Subst.: lussuria) ausschweifend
modisch *all'ultima moda*	≠	*modico* niedrig (Preis)
morbid *malaticcio, morboso*	≠	*morbido* weich
nobel *generoso*	≠	*nobile* adelig
Note *voto*	≠	*nota* Anmerkung
Notiz *appunto, nota*	≠	*notizia* Nachricht
ordinär *volgare*	≠	*ordinario* alltäglich, üblich

ordnen *mettere in ordine*	≠	*ordinare* bestellen
passieren *succedere*	≠	*passare* vorbeigehen
Patent *brevetto*	≠	*patente* Führerschein
Quartier *alloggio*	≠	*quartiere* Stadtteil, Stadtviertel
Rakete *razzo*	≠	*racchetta* (Tennis-)Schläger
Referendar *praticante laureato*	≠	*referendario* Berichterstatter
romanisch *romanico*	≠	*romano* römisch
Statist *comparsa*	≠	*statista* Staatsmann
Stipendium *borsa di studio*	≠	*stipendio* Gehalt
Taille *vita*	≠	*taglia* Größe
Tapete *carta da parati*	≠	*tappeto* Teppich
Tempo *velocità*	≠	*tempo* Zeit; Wetter; Takt

Terror *terrorismo*	≠	*terrore* Angst, Schrecken
Tinte *inchiostro*	≠	*tinta* Farbe
Zirkel *compasso*	≠	*circolo* Personenkreis, Club

Lösungen des Einführungstests (S. 6–8)

Die Zahlen in Klammern verweisen auf die Nummern der entsprechenden deutschen Stichwörter.

1. serata (1)
2. sa (80)
3. impara (67)
4. La (101)
5. fra, tra (91)
6. – (26)
7. avessi (102)
8. arrabbiarsi (18)
9. ad alta voce (65)
10. ognuno, ciascuno (55)
11. con (10)
12. guidare (27)
13. a lungo (63)
14. fortuna (42)
15. davanti alla (98)
16. tutto, quello, tutto ciò (2)
17. ha (29)
18. recita (87)
19. suona (87)
20. fatto/-a (64)
21. fa (98)
22. eletto (99)
23. in campagna (62)
24. fatto gli auguri (46)
25. di nascita (34)
26. questione (33)
27. difetti (30)
28. terra (62)
29. fogli (15)
30. a, all'età di (5)
31. ascolta (53)
32. coppia (73)
33. breve (61)
34. sensazione (35)
35. sento (53, 94)
36. sper(iam)o che (52)
37. sa (59)
38. limiti (47)
39. bicchiere (43)
40. comitive, gruppi (42)
41. a Stoccarda il 1/1/1960 (34)
42. di (8)
43. da (8)
44. che (3)
45. piacciono (80)
46. premio (77)
47. risolvere (68)
48. quanto (104)
49. gli (101)
50. mentre (100)

Index der italienischen Wörter

Die Zahlen verweisen auf die Nummern der entsprechenden deutschen Stichwörter, es sei denn, es steht S. (= Seite) davor.